www.tredition.de

AF196055

LETZTER AUFRUF
AN DIE
ERDENMENSCHHEIT

www.tredition.de

Autor: © 2019 Diana M.
Verlag und Druck: tredition GmbH, Hamburg
Die erste deutschsprachige Ausgabe
Illustrationen: © Eternalia
Umschlagbild: Fotobanka Fotky Foto, Fotolia LLC

info@menschensohn.net
www.menschensohn.net

ISBN
Paperback: 978-3-7482-5220-7
Hardcover: 978-3-7482-5221-4
e-Book: 978-3-7482-5222-1

LETZTER AUFRUF

zur Rettung derjenigen, die bisher nur kirchliche Lehren anerkannten, ihre Aufgabe auf Erden ganz vergaßen und alles dazu Erhaltene nur für eigene Ziele einsetzten, und all diejenigen, die die WAHRHEIT noch nicht gefunden haben.

IMANUEL:

„Auf der ganzen Erde werden Tausende aufstehen und mich verkünden."

1.Teil
IRRTÜMER UND LÜGEN

1. Gottesfamilie, IMANUEL

Bis heute belügen und verwirren uns alle mit den Fakten über irdische und überirdische Angelegenheiten. Über die Existenz des ALLERHÖCHSTEN, GOTTVATER und die ganze Gottesfamilie. Wer zählt zur Gottesfamilie? GOTTVATER, Sohn JESUS, also Gottesliebe und der andere Gottsohn, Heiliger Geist, IMANUEL, also Gotteswille und die göttliche Frau von GOTTVATER, die URKÖNIGIN Elisabeth, göttliche Mutter.

IMANUEL, der Heilige Geist, ist schon zwanzig Jahre lang mit Schwanhild verheiratet und sie bekamen das Kind IMANUEL. Was sagen Sie dazu, zwei Mitglieder der Gottesfamilie schlichtweg zu verleugnen: IMANUEL und die Urkönigin Elisabeth? Es zeugt doch von großem Selbstsicherheitsgefühl! Man hat beide einfach aus der Familienliste gestrichen. Wer von Euch glaubt, dass er wegen Lügen der Kirche, Einzelmenschen, Lehrer nicht auch selbst die Nachwirkungen tragen wird? Natürlich alle die, die auf sie reingefallen sind. Wer suchte und die Wahrheit fand, bei dem gibt es keinen Anlass, dass er die Nachwirkungen der Lügen tragen muss.

Damit unsere Verwirrung noch zunimmt, die Kirchen noch überzeugender wirken und nicht zuletzt um ihre Sponsoren nicht zu verlieren, schrieben sie alle Namen IMANUELS dem Heiligen JESUS zu. Und wieder sind wir auf die Lügen reingefallen.

IMANUEL ist aber nicht JESUS! *IMANUEL ist der Heilige Geist, der Geist der Wahrheit, Alfa und Omega, Parzival, der Menschensohn und Abdruschin.* Dann hatten es die Kirchen schon ganz leicht, dass sie uns noch mehr verwirren und von der zweiten Ankunft des Heiligen JESU überzeugten. Beachten Sie bitte, dass weder die **Gralsbotschaft, Im Lichte der Wahrheit** (1931), noch das Buch **Die ewigen Gesetze** (1998) das in solchem Sinne erklären. Dort finden Sie den Beweis, dass Heiliger JESUS und IMANUEL zwei verschiedene Personen sind. Schließlich hat Heiliger JESUS den Geist der Wahrheit immer nur in der dritten Person erwähnt. (Johannes-Evangelium, 16. Kapitel, Vers 13): *„Wenn aber jener, der Geist der Wahrheit, kommen wird, wird er euch in alle Wahrheit leiten."* (Johannes-Evangelium, 16. Kapitel, Vers 14): *„Er wird mich verherrlichen (JESUS); denn von dem Meinen* (seiner Lehre) *wird er's nehmen und euch verkündigen."*

Ja. Die Person IMANUELS verheimlichen sie uns schon 2000 Jahre lang. Ich persönlich denke, dass sie ihn deswegen vor der Welt verbergen, weil er die Gotteswahrheit und Gerechtigkeit ist. ER ist der, der das Dunkel besiegt, Luzifer fesselt und auf Erden das Tausendjährige Reich gründen wird, von Propheten schon vorhergesagt, wobei ER König dieses Reiches wird.

Erinnern wir uns doch, wie viele Lügen und Entstellungen schon aufgedeckt wurden, nicht nur in den Kirchen, sondern auch in allen anderen Bereichen des Lebens. Die Wahrheit als Energie drückt immer mehr auf die Erde und die Gerechtigkeit arbeitet zeitgleich mit ihr. Ich bin schon lang genug auf Erden, aber von der Anhäufung so vieler Naturkatastrophen, Kriege, Morde, Selbstmorde und unbekannten, tödlichen Krankheiten auf einmal, habe ich nie zuvor gehört.

WENN DIES NICHT DER ZORN UND DIE GERECHTIGKEIT DES HERRN IST, WAS SOLL DIES DANN BEDEUTEN?

2. Der echte Retter der Erde

Die Wiederkunft des Heiligen JESU, der Gottesliebe, und die dritte Botschaft von Fátima, hängen eng zusammen. Wieso? Durch die absichtlich größte Lüge vieler Kirchen gegenüber der Menschheit, zum Zwecke der Besänftigung. Viele Kirchen behaupten nämlich, dass Heiliger JESUS, die Gottesliebe, als Retter kommt, - als ob dieser Erde die Liebe noch etwas helfen könnte. Die dritte Botschaft von Fátima prophezeit jedoch, dass IMA-NUEL die Erde vom Dunkel reinigen wird, denn er ist Wille GOTTVATERS, also seine Wahrheit und Gerechtigkeit. Dasselbe Geschehen und dabei werden beide Gottessöhne als Retter erwartet. (*Die ewigen Gesetze, Band 3*)

Jedem muss eindeutig klar werden, dass eine von den Behauptungen Lüge ist. Nachdem die Kirchen auch noch alle Namen IMANUELS dem Heiligen JESUS zugeschrieben haben, war es kinderleicht, die Menschheit irrezuführen, um sie in Ruhe und Unverständnis halten zu können. Und die Menschheit hat der Kirche wieder geglaubt. So erreichten die Kirchen ihr Ziel, das darin bestand, die Menschheit in Dunkelheit und Unwissenheit zu halten. Zeigt dies die Geistesträgheit und Oberflächlichkeit der Menschheit? Sicher, sonst würde die Menschheit das nicht mit sich machen lassen und die Kirche könnte beide Gottessöhne nicht so einfach verschmelzen. Es leuchtet doch ein, dass nur IMANUEL als Wahrheit und Gerechtigkeit auf die Erde kommen kann und dies wiederum bedeutet, dass ER der echte Retter der Erde ist, - aber nicht für uns alle!

Nehmen wir als Beispiel die ehemaligen Auserwählten. Sie wählten entweder die Kirchenlehren als ihre einzige Wahrheit, oder wurden im Laufe mehrerer Erdenleben zu Materialisten und Atheisten, die sich für das Geistige überhaupt nicht mehr interessieren. So versäumten sie nicht nur die Erfüllung ihrer Aufgaben, sondern wurden sogar zu Feinden beider Gottessöhne und auch Schwanhilds. Den Heiligen JESUS hat die Menschheit ermordet. IMANUEL und Schwanhild glaubte zu Lebzeiten fast niemand. GOTTVATER hat also den Posten der Auserwählten gelöscht und degradierte die 144 000 zu einfachen Geistern.

WER SEINEN GLAUBEN UND SEINE ÜBERZEUGUNG AUF LÜGEN AUFBAUT, WIRD IN KÜRZESTER ZEIT SEHR UNANGENEHM ÜBERRASCHT WERDEN.

3. Wichtigster Unterschied zwischen Elisabeth und Maria

Wenn Sie denken, im Vatikan kennt man die Wahrheit nicht, dann irren Sie sich gewaltig. Ununterbrochen verbreiten die Kirchen alle Lügen weiterhin, die im Mittelalter von Jesuiten ausgedacht und praktiziert (Inquisition) wurden.

Hoffentlich wird diese Texte jemand lesen, um die Wahrheit zu erfahren. GOTTVATER freut sich für jeden von uns, der durch die Wahrheit zu IHM zurückkehrt.

Also wichtigster Unterschied zwischen Elisabeth und Maria ist ihre jeweilige Herkunft in der Schöpfung. (*siehe Abb. Schöpfungsbau)*

Elisabeth ist die Frau des GOTTVATERS. Sie wurde von IHM als allererstes Wesen wegen der Polarität der Energien erschaffen. Da ER weitere Wesen erschaffen wollte, benötigte er dazu die weibliche (negative) Energie, und das ist Elisabeth, die Urkönigin.

Maria, die Erdenmutter JESU, **wurde zur Frau Josefs,** damit er sie beschützen kann und natürlich auch das Kindchen, denn sie war damals schon im dritten Monat schwanger mit Heiligem JESUS. Drei Monate vor ihrer Heirat mit Josef hatte sie ihre echte, größte Liebe im römischen Hauptmann Kreolus gefunden. Beiderseits war das Liebe auf den ersten Blick. Als die römischen Soldaten Marias Dorf verlassen mussten, haben sich die zwei nie mehr im Leben getroffen, obwohl Kreolus Maria zwei Mal zu Hause in ihrem Dorf gesucht hat. Aber das zweite Mal erfuhr er, dass Maria schon verheiratet und schwanger ist.

Kreolus war der biologische Vater des Heiligen JESU. Alle Beweise und Unterlagen dazu finden sie in dem Geheimarchiv des Vatikans, das schon vor einigen Jahren zum Teil der Öffentlichkeit zugänglich gemacht wurde.

ES SCHEINT SO, DASS DIE MEHRHEIT DER MENSCHHEIT (KIRCHENGLÄUBIGE) DEN LÜGEN GLAUBEN WOLLEN. DAS BEDEUTET: LIEBER DEN PFARRERN GLAUBEN, ALS DER WAHRHEIT.

.

4. Empfängnis Marias

Am Anfang möchte ich ihnen eine einfache und logische Frage stellen. Nehmen wir beispielsweise Peter und Paul; wenn Peter seine Frau schwängert, wie kann dann Paul der Vater des Kindes werden? Sicher wissen sie schon, was ich damit sagen will.

Fast in der ganzen Welt ist die Legende verbreitet, dass Maria als Jungfrau vom Heiligen Geist schwanger wurde. Aber: in irdischen Körpern lebende Gottessöhne mussten auch ihre biologischen Eltern haben, die ebenso in irdischen Körpern lebende Menschen waren. **Dieses bedingt das Gottgesetz der Gleichart.**

- Das erste Mal inkarnierte Heiliger IMANUEL vor 3000 Jahren als Abdrushin in Arabien. Der arabische Name Abdrushin bedeutet „Sohn des Lichtes". Seine **irdischen** Eltern waren - Fürstin Dijanitra und Fürst Ara-Masdah.
- Vor 2000 Jahren inkarnierte auf Erden Heiliger JESUS. Seine **irdischen** Eltern waren -   Maria von Nazareth und Kreolus.
- Das zweite Mal inkarnierte Heiliger IMANUEL auf Erden als *Geist der Wahrheit* im Jahre 1875. Seine **irdischen** Eltern waren - Therese und Ernst Bernhardt. IMANUEL bekam den irdischen Namen *Oskar Ernst Bernhardt.*

Seit dem Mittelalter lebt diese Lügenlegende über Maria. Und wo blieben Dijanitra und Therese? Auch verleugnet wegen IMANUEL?

EINE FRECHHEIT! LOGISCH DENKENDE MENSCHEN FÜR SO DUMM ZU HALTEN.

5. Was genau bezeichnet das Wort Projektion?

In dem Buch „Die ewigen Gesetze", Band 1 bis 3, las ich das Wort Projektion nur im Zusammenhang mit falschen Erscheinungen. Darüber hinaus wird im Buch auch erwähnt, dass die Vorbereitung für die echte Erdinkarnation der Gottessöhne tausende irdische Jahre benötigt.

Da muss doch jedem klar werden, dass Erscheinungen des echten Heiligen JESU oder Marias in Amazonien (Indianer) oder an vielen Orten Europas und Amerikas unmöglich sind. Das schlimmste daran ist auch noch die Tatsache, dass nur die Kirche, meistens die römisch-katholische, über die Echtheit der Erscheinungen entscheidet.

Während ich im Koma lag, hielten sich in meiner Nähe abwechselnd drei geistige Lehrer auf. Sie sagten mir, sie seien die Ältesten (die Weisen) vom IMANUELS Team zur Rettung der Menschheit. Nach meiner Zeit im Koma-Zeit bekam ich vom HERRN als Geschenk solcherlei Fähigkeiten, wie sie auf Erden nicht üblich sind. Man bezeichnet sie als übersinnliche oder überirdische Fähigkeiten. Diese bekam ich aber nur, damit ich noch vielen Menschen helfen kann, die den wahren Weg zum HERRN suchen.

Also fragte ich damals meinen Lehrer im Koma, wie wir erkennen können, welche Erscheinung eine echte und welche falsch ist? Und auch, ob es geistige Erscheinungen gibt. Unter großem Lachen bekam ich die Antwort, dass es ausschließlich nur geistige Erscheinungen gibt, wenn derjenige nicht inkarniert ist. Den einzigen Unterschied gibt es nur in dem, woher die Projektion kommt (Licht oder Dunkel). Eine dieser Art Projektionen ist zum Beispiel auch die irdische Fata Morgana. Sie ist, wie alle anderen auch, feinstofflich. Aber die echten Erscheinungen, wie beispielsweise die der Urkönigin Elisabeth in Fátima, bringen der Menschheit sehr wichtige Botschaften, wie die von der Ankunft IMANUELS als Retter der Erde und auch *der* Menschen, die in allen ihren Leben dem Herrn ergeben dienten. Die Übrigen (Laue und Dunkle) müssen zurücksinken auf die niedrigen Planeten, woher sie auf die Erde inkarnierten und wohin sie eigentlich nach dem Gottgesetz der Schwere auch gehören.

Die von GOTT erschaffenen ewigen Gesetze kann man in den Kirchen überhaupt nicht lernen. Warum wohl? Es geht immer um dasselbe – das Streben nach größtmöglicher Macht über die Menschheit und Erde, sowie natürlich auch noch um maximalen Reichtum. Aber ein echter, aus eigenem Willen Wahrheitssuchender bekommt vom HERRN Hilfe auf verschiedenerlei Art, so dass er die Wahrheit entdecken oder finden kann. Die falschen Projektionen aus dem Dunkel wollen den Sucher aber wiederum von der Wahrheit abbringen. Dabei erscheint oft Heiliger JESUS, Maria oder irgendein Engel und gibt den Menschen sinnlose oder falsche Informationen, um sie einfach irrezuführen.

DAS WICHTIGSTE FÜR DEN MENSCHEN IST, DIE EWIGEN GOTTGESETZE GUT ZU KENNEN, DAMIT ER SOFORT MIT SICHERHEIT FESTSTELLEN KANN, OB DAS GESAGTE ODER GEZEIGTE ÜBERHAUPT MÖGLICH IST!

6. Für jeden von uns, der auf die Lügen reinfällt, diesen Glauben schenkt und sie auch noch weiterverbreitet, wird dies fatale Folgen haben.

Meine eigene Erfahrung der letzten Jahre mit Luzifer und seinen gefallenen Engeln war und ist bis heute, wie sie durch Projektionen, die sie überall auf Erden zeigen und verbreiten, einzig und allein die Erscheinung der Urkönigin Elisabeth und IMANU-ELS, 1917 in Fátima, zu verstecken versuchen. Zwischen so vielem Falschen erkannte die Menschheit die echte und wahre Erscheinung nicht. Und die Menschheit glaubte wiederum, dass es sich um Maria und den kleinen Heiligen JESUS handelt, nur weil es die Kirche behauptete. Lesen Sie das Kapitel zur Offenbarung des Johannes, wo es gründlich und wahrhaft erklärt wird. (*Die ewigen Gesetze, Band 1*)

Bezeichnend ist die neueste Feststellung der Menschheit, die sich dabei auf Mitteilungen aus dem Weltall (Plejaden) bezieht oder sich anderer Quellen bedient (ca. 10% echte, 90% dunkle gefallene Engel), dass die echte Hölle gar nicht existiert. Demzufolge gibt es für sie nur die Hölle, welche jeder Mensch in seiner Seele selbst aufbaut und deswegen darunter leidet. Dieses behaupten mehrere Videos oder Internet-Seiten. Wenn jemand die Kirche verlässt, weil er sie unglaubwürdig findet, fällt er geradewegs in diese modernere, esoterische Falle.

Und so erreichte das Dunkel sein Ziel. Fast jeder auf Erden ist davon überzeugt, dass er nach seinem irdischen Tode im Himmel endet. Diese Menschen vergaßen wahrscheinlich eins der Gottgesetze: "Was Du säst, *musst* Du auch vielfach ernten!"

JEDER VON UNS IST FÜR SEINE TATEN, SEINEN GLAUBEN UND SEINE HANDLUNGEN SELBST VOLL UND GANZ VERANTWORTLICH!

7. Der Unterschied zwischen Geist und Seele

Sicher ahnen Sie schon, ob ich bereits vor meinem Koma, oder erst danach gläubig war, natürlich meine ich meinen Glauben an den HERRN und nicht an Kirchenlehren. Wie die Liebe, so ist auch des Menschen Glaube an den HERRN eine Angelegenheit seines Herzens - seines Geistes und nichts anderem. In der „Gralsbotschaft", sowie im Buche „Die ewigen Gesetze", las ich, dass Geist und Seele etwas ganz Unterschiedliches, sich direkt Ausschließendes sind. Da hatte ich die Möglichkeit, meinen Lehrer zu fragen, warum Millionen Menschen zwischen Geist und Seele überhaupt keinen Unterschied machen. Die Antwort war wieder kinderleicht:

„Komm, ich zeige Dir an einem Bild, um was für einen großen, bedeutenden Unterschied es geht." Auf einmal erschien vor uns eine sehr feine Leinwand-Projektion vom Geistigen Reich. „Was für ein Nebel ist dort, was ist das überhaupt?" fragte ich ihn und er antwortete:

„Das ist die am weitesten entfernte Hülle unseres HERRN. Von der kommen wir alle, die wir in der Stofflichkeit reifen sollen. Im Geistigen Reich erschuf der HERR die Geistkeime, die dann auf der Erde in Körpern inkarnieren sollen, wobei sie viele Erdenleben (200 bis 500) zum eigenen geistigen Reifen benötigen. Aber das Wichtigste sind die Fähigkeiten des Geistes, die es ihm als einzigem ermöglichen, sich mit den Höhen verbinden zu können, um so seine Bitten und seinen Dank dem HERRN vorlegen zu dürfen. Und noch etwas Wichtiges: nur der Geist kann die Lebenskraft von oben empfangen."

Alles Weitere wurde mir klar. Den Geist fühlen wir Erdenmenschen nahe des Herzens durch die Wärme, die uns die Gotteskraft zum Leben schenkt. Die feinstoffliche Hülle des Geistes ist die Seele, erst dann kommt als weitere Hülle, der irdische Körper.

Die Hüllen sind notwendig, damit der Geist durch das Gesetz der Schwere bis zur Erde sinken kann.

WER SICH VOM HERRN ABWENDET, SEINEN GEIST ERNIEDRIGT, INDEM ER SICH NUR NOCH VON DEN GEDANKEN SEINES VERSTANDES LEITEN LÄSST, KANN DIE IHM VON GOTT GESCHENKTE KRAFT NICHT MEHR AUFNEHMEN.

8. Die Wahrheit über die Reinkarnation und das Gottgesetz der Schwere

Können sie sich vorstellen, wieviel Mühe und Arbeit es das Dunkel kostete, die Wahrheit zu vertuschen, nur um die Menschheit in diese heute so elende Situation zu bringen?

- Die Morde an den Propheten.
- Den Mord an Abdrushin, Sohn des Lichtes, und an Heiligem JESUS.
- Im dritten Jahrhundert tauchte der nächste Diener des Dunkels auf – Kaiser Konstantin. Die damalige Kirche war schon so verdorben, dass sie den Kaiser mit so viel Geld bestach, um die echten Bibeln verbrennen zu lassen, so dass anschließend nur noch ihre Bibelversion unter die Menschheit verteilt werden konnte. So kam es, dass aus den echten Bibeln bis heute nur Taschenbüchlein wurden
- Zu weiteren Streichungen führte auch das zweite Konzil von Konstantinopel (553 n.Chr.), bei dem die gottgesetzliche Reinkarnation ganz aus der Bibel entfernt wurde. Einziges Ziel war dabei wieder nur größtmögliche Macht über Menschen und natürlich Reichtum, weil Einfluss und Vermögen zusammen gehören.

Vielleicht werden Sie mir nicht glauben, dass die römisch-katholische Kirche nur deswegen bis heute behauptet, dass wir nur ein Erdenleben haben, damit sich jeder von uns bei ihr (von unseren Sünden) freikaufen muss – ganz guter Trick, nicht wahr? Wie ist es dann aber möglich, dass einer in Reichtum lebt, während ein anderer obdachlos ist? Hier ist etwas mit Sicherheit nicht in Ordnung, und wie immer erkennen wir auch hierin die Lügen der Kirchen, unzähliger Reihen religiöser Kreise und anderer Glaubensgemeinschaften. Mein Lehrer hat mir alles kurz und klar erklärt:

„Das Dunkel erreichte erneut sein Ziel, weil die Menschen nochmals in die Falle tappten. Es wollte nämlich erreichen, dass die Erdenmenschheit daran glaubt, dass der HERR ungerecht ist. Vergiss nie: GOTTVATER ist nicht gerecht, ER ist die **reinste Gerechtigkeit** in sich selbst und in seinen ewigen Gesetzen! Und seine ewigen Gesetze arbeiten unbestechlich und unantastbar weiter, unabhängig davon, ob die Menschheit sie kennt, oder den Kirchenlehren Glauben schenkt. Weißt Du, die Vollkommenheit seiner Gesetze zeigt sich darin, dass sie keine Ausnahmen erlauben. Diejenigen, die an den Heiligen GOTT und an die Wahrheit glauben, werden als Ernte Glückseligkeit und Liebe bekommen, die sie in ihre Heimat als reife Geister in der Schöpfung zurückführt. Jetzt kannst Du Dir auch vorstellen, wohin die Lauen und die Dunklen sinken müssen. Natürlich in die Tiefe, zur Hölle, je nachdem, wie sehr sie ihre Geisteshülle – Seele durch alle Leben immer dichter, dunkler und damit schwerer machten, und das alles, ohne dass sie jemand dazu gezwungen hat. Auf Erden nennt man das Sünden.“

Ach so! Mit freiem Willen entschieden die Menschen über sich selbst und formten dabei die Schwere ihrer Hülle.

JEDER IST IN WIRKLICHKEIT DORT ZU HAUSE, WO ER VOM GOTTVATER ERSCHAFFEN WURDE.

9. Weitere mittelalterliche Lügen wurden zu großen Fallen

Überall sieht man Statuen von Maria (manchmal auch mit einer Krone von 12 Sternen), sowie die unendliche Reihe hölzerner Kreuze. Wir wissen schon, dass die Urkönigin Elisabeth die 12 Sterne als Krone trägt, sinnbildlich für jede Schöpfung ein Stern. So erfuhren wir, dass es unter der Urschöpfung 12 weitere Schöpfungen gibt. Danach musste ich den Lehrer fragen. Wie gut, dass er gerade kam.

Ich sprach ihn an: „Gibt es wirklich 12 Schöpfungen im Weltall? Und wie schafft es der HERR, alle mit seiner Kraft zu versorgen?"

„Seine Kraft ist unendlich. Nach dem Kampf gegen das Dunkel/Luzifer kann ER weitere 12 erschaffen, wenn er sich das so wünscht. Aber wir haben heute ein ganz anderes Lernthema:

Der Kult rund um Maria

„Die Menschheit verbeugt sich vor jeder Statue oder Darstellung, die an den Heiligen JESUS oder an Maria erinnert. Aber!!! Es ist nur erlaubt, sich vor dem HERRN zu verbeugen, um IHM damit seinen Respekt zu zeigen. Das Dunkel hat die Menschheit zu diesem Unsinn durch die Kirchen gebracht. Ihr verbeugt euch (zu 90%) vor einem Gegenstand und dort werdet ihr auch bleiben. Das alles begann in Eurem Mittelalter mit der Behauptung, Maria sei die Urkönigin, der damit eine größere Verehrung zuteilwurde als dem HERRN."

Heiliger JESUS und seine Aufgabe

„Zeitgleich behaupteten Jesuiten (ein Teil der römisch-katholischen Kirche) auch, dass Heiliger JESUS nur deswegen auf Erden erschien, damit er die Sünden der Menschheit auf sich nehmen konnte. Und diesen Blödsinn glaubt bis heute fast jeder. Schade!"

Die Beichte

„In den Zeiten der Inquisition wurde auch die Beichte erfunden. So erfuhren die Jesuiten aus Spanien alles über die Menschen, die ihnen im Wege standen (das Königspaar Isabella von Kastilien und Ferdinand von Aragonien). Denn die Jesuiten wollten die ganze Welt unter ihrer Macht haben. Die Beichte half, sogenannte Ketzer und Hexen zu entdecken und so verbrannten sie als Inquisitoren der Kirche 14 Millionen Menschen – natürlich Unschuldige! Auch die Beichte kann niemanden befreien, denn jeder von uns ist für all seine Sünden selbst verantwortlich. Die Beichte sowie die kirchliche Sündenabnahme sind alles Lügen der Kirche. Der Heilige JESUS konnte nach den ewigen Gesetzen alle unsere Sünden gar nicht auf sich nehmen! Dass ist die größte Lüge der Kirche! Davon entstand die Legende, dass Heiliger JESUS nur deswegen kam, auf Erden inkarnierte, damit er die Menschheit von ihren Sünden befreit und diese dann fröhlich weiterleben kann."

GOTTGESETZ ist: „Was Du säst, dass **musst** Du ernten!"

VON DEN GOTTESSÖHNEN BIS ZU DEN KLEINSTEN KREATUREN, IN ALLEN 12 SCHÖPFUNGEN, HAT ÜBERHAUPT KEINER DIE FÄHIGKEIT, DIE SÜNDEN ANDERER AUF SICH ZU NEHMEN. SOLCH EINE FÄHIGKEIT EXISTIERT ÜBERHAUPT NICHT!

10. Die Hölle

Passender wäre eigentlich die Überschrift: was ich aus der Hölle sehen durfte. Natürlich wieder durch eine Spiegelung an der schon erwähnten Leinwand. Vordem bemerkte ich schon, dass die Lehrer die Leinwand durch ihren starken Willen steuern, wie auch vieles andere, das wir so auf Erden gar nicht kennen. Am Anfang sah ich die dunklen Ebenen von -1 bis -7. Darunter ein großes Etwas, was einem Riesentrichter ähnelte. (*siehe Abb. Schöpfungsbau*)

Sehr gut, dass mein Lehrer neben mir saß und mir alles erklärte. Ich fragte ihn:

„Was für Planeten gibt es unter der Erde?"

„Ihr nennt diesen Teil des Weltalls Hölle. Alte Planeten, die ihre Aufgaben und Dienste schon erfüllten, sinken im freien Fall in den Trichter, in dem sie zersetzt werden, nämlich in die Grundelemente, aus denen sie vom GOTTVATER erschaffen wurden. Natürlich steigen diese Grundelemente hinter dem Trichter wieder hoch, zu ihrem Eigentümer zurück."

„Und was geschieht mit den Milliarden Geistern und Wesen, die auf diesen Planeten leben?"

„Zuerst will oder muss ich Dir erklären, wie der Gotteswille und seine ewigen Gesetze den Menschen werten, nämlich nach der Schwere seiner Hüllen. Erst dann ist es Dir möglich, die Antwort auf Deine Frage verstehen zu können. GOTTVATER will nur die Geister und Wesen in seine Schöpfung zurücknehmen, die sich aus freiem Willen heraus entschieden haben, zu ihm zurückzukehren, also in ihrer Heimat und in der Ewigkeit leben wollen – im Paradies. GOTTVATER und IMANUEL interessiert dabei nur die endgültige Ausstrahlung (aktuell letzte) und die Reife jedes

Geistes oder Wesens. Wie viele Fehler sie in allen vorigen Erdenleben gemacht hatten und benötigten, um diesen Reifezustand zu erreichen, interessiert IMANUEL als Richter überhaupt nicht. Für ihn ist nur das Ergebnis wichtig. GOTTVATER will niemals solche in der Schöpfung haben, deren Überzeugung auf Zwang beruht. Für den HERRN hat es nur Wert, wenn sich Geister oder Wesen freiwillig für ihn entscheiden. In Deiner Frage geht es wieder um die Seele jedes Geistes oder Wesens. Also wie schwer die Umhüllungen von jedem von uns im Laufe aller unserer Erdenleben wurden. Die mit hellen, durchsichtigen Seelen sind leicht und steigen natürlich in ihre Heimat auf. Die dunklen und schweren Hüllen sinken in die Hölle, so tief, bis sie auf ihre Gleichart in der Tiefe treffen. Dort verbringen sie unter Umständen Jahrhunderte, bis sie ihre Sünden gegenüber den Gottgesetzen verstehen und sie sich ändern wollen. Anders gesagt, solange bis sie ihre dunklen Hüllen ablegen können, weil sie ihre Sünden wiedergutmachen."

Wenn ich das alles nicht wirklich gesehen hätte, so täte auch ich mich schwer, dies alles zu glauben. Wie beispielsweise IMANUEL in den Nachklängen zur Gralsbotschaft die blindgläubigen Kirchendiener beschreibt: sie können in der Tiefe hinter einer magnetischen Wand – Stangen nicht weiter und müssen dort so lange verweilen, bis sie die Wahrheit anerkennen und somit die Hülle der Kirchenlügen ablegen. Erst dann ist es ihnen möglich, dass sie zwischen den Stangen hindurchkommen können. Aber, in diesem Land der Dämmerung gibt es viele Millionen Festgehaltene. Alle entschuldigen sich mit dem, was ihnen die Kirchen lehrten. Sie leben in ewiger Dunkelheit und Kälte, ohne Natur. Es sind Irregeführte, verlorene Geister. Und dabei sah ich das noch tiefer liegende nicht. Noch verlorener, unter großen Seelenschmerzen leidend, sind die Selbstmörder. Ununterbrochen erleben sie ihre Depressionen rund um sich und ihren Freitod immer neu, bis sie wieder feststellen, was für ein Gottgeschenk ihr Erdenleben war und welchen Wert es hatte, - eben sicher nicht solch einen Minderwert, um es einfach leichtfertig wegzuwerfen. Bestimmt erinnern sie sich an den Lehrstoff in ihrer Schulzeit, wonach die Erde immer stärker verdichtet. Das stimmt, und nur so konnte es geschehen, dass die Erde sank von ihrem natürlichen Platz in die Regionen des Dunkels (Ebenen -2/-3). Nur deswegen war es auch möglich, dass die Dunklen auf Erden inkarnieren konnten.

IMANUEL wird die Erde durch seine magnetische Kraft wieder hochziehen, wohin sie gehört und erschaffen wurde – als letzter heller Planet in der Schöpfung. Alles läuft schon mehrere Jahre lang, damit die Erde all diejenigen verlassen müssen (Laue und Dunkle), die gar nicht auf sie gehören. Ich möchte ihnen keine Angst einjagen, aber so ist die Wahrheit.

JE MEHR LIEBE UND HILFE DER MENSCH IN SEINEM LEBEN AUSTEILT, DESTO SCHNELLER KOMMT ER WIEDER IN SEINE HEIMAT ZURÜCK.

11. Die Ausreden: Schicksal oder Fluch

Eine der häufigsten Ausreden ist die des Schicksals. Ausreden gibt es tausende, wenn nicht mehr. Dabei gibt es aber bei jedem Menschen nur zwei mögliche Willensentschlüsse: Ja oder Nein. Wenn jemand, zum Beispiel ein Alkoholiker (wobei dies für jegliche Sucht gilt), betrunken nach Hause kommt, sagt er: „Ich musste mit den Freunden trinken, weil...". Alles Lüge! Das Schlimmste daran ist, dass sich solch ein Mensch auch selbst belügt und seinen Selbstlügen auch noch Glauben schenkt. Die Wahrheit klingt aber so: „Ich trank, weil ich trinken wollte."

Ein anderer beispielsweise verspricht etwas, hält es aber nicht ein. Wieder hört man die Ausrede: „Ich konnte es nicht tun, es ging nicht, weil...". Sie ahnen schon sicher, wie die Wahrheit klingt, nämlich: „Ich tat es nicht, weil ich es nicht machen wollte."

Es kam mein Lehrer. Er wusste genau, worüber ich nachdachte. So fragte ich ihn gleich:

„Was geschieht mit diesen Menschen, wenn ihr ganzes Erdenleben aus solcherart Lügen besteht?"

„Das ist dann entweder Selbsttäuschung oder Träumerei, denn er läuft vor der Wahrheit weg. Diese holt ihn aber immer wieder ein. Dazu kommt noch, dass er ständig unter Stress und Angst leidet. Natürlich werden seine seelischen Hüllen davon immer schwerer und dichter, jede Lüge dies verschlimmernd. Geistig sinkt er dabei immer tiefer, in Richtung des tiefsten Punktes der Hölle. Es ist ein verfehlt durchlebtes Leben. Vergiss nicht: die Gotteskraft ist immer in Bewegung, sie kann weder anhalten, noch stehenbleiben. Sie bewegt sich entweder ihrer Leichtigkeit entsprechend nach oben, oder sie muss verdichtet nach unten sinken. Nach ein paar Generationen begnügen sich solcherart Menschen damit, dass es ihr Schicksal ist oder dass gar ein Fluch auf der ganzen

Familie liegt. In Wahrheit zeigt es entweder ihre Geistesträgheit, oder ihr bewusstes Verdrängen der Wahrheit. Letztendlich hat so ein Mensch auf jeden Fall nach vielen Erdenleben dichte, dunkle Seelenhüllen. So einer grübelt dann mit seinem Verstand, kommt damit aber nie zu einer Lösung, denn seine geistigen Empfindungen bleiben dabei ausgeschlossen."

OHNE GEISTIGE EMPFINDUNGEN BLEIBT SO EIN MENSCH KALT, RÜCKSICHTSLOS UND ALLE FREUNDE UND BEKANNTE VERLASSEN IHN. ALL SEINE ERDENLEBEN MUSS ER IN EINSAMKEIT VERBRINGEN.

12. Wo sind IMANUELS Verkünder?

Sicher erinnern Sie sich an die alten Propheten, die den Messias, JESUS, verkündeten. Es ist dabei eine andere Sache, dass ER von der Menschheit trotzdem nicht als solcher anerkannt wurde. Der ältere Gottessohn, IMANUEL, hatte und hat viel mehr Helfer, deren Aufgabe es war und immer noch ist, offen und wahrhaft auf der Erde zu verkünden, dass ER der zukünftige Retter der Stofflichkeit sein wird.

Lasst mich aber ganz von vorne beginnen. Vor dem Kommen Abdrushins (1.000 v.Chr.) lebten auf Erden Wegbereiter: von Hjalfdar angefangen bis zu Lao-Tse, Zoroaster, Krischna und Mohammed, die in allen Ecken der Erde die Wahrheit verbreiten sollten, dass der Gottsohn IMANUEL der Wille Gottes ist. Ihre Nachfolger aber haben ihre Lehren verbogen und einen eigenen Kult und eigene Glaubenslehren aufgebaut.

Die darauffolgenden Verkünder wurden entweder ermordet oder verkannt oder vom Dunkel abgelenkt. Einer der abgelenkten war auch Rudolf Steiner, der sich selbst überhöhte und sogar eine eigene Philosophie (Anthroposophie) entwickelte, anstatt den Gottsohn IMANUEL zu verkünden.

Schwanhild war die einzige, die IHN wahrhaft als „die Wahrheit und Gerechtigkeit" verkündete. *(Die ewigen Gesetze, Band 3)*

IMANUEL prophezeite: „Auf der ganzen Erde werden Tausende aufstehen und mich verkünden."

Aber wie immer, fehlte das ergebene Dienen und es kam zu großer Enttäuschung, zu der wir alle durch unsere Angst oder unser Desinteresse beitrugen.

13. *Diese Wahrheiten werden Ihnen sicher nicht gefallen*

Es war einmal der Planet Erde, dessen Bewohner seinen immer tieferen Sturz verursachten. Er war und ist strategisch der wichtigste Planet, als tiefst liegender in der Schöpfung. Warum dies? Ganz einfach: GOTTVATER sendet die neutrale Hauptkraft in das Gefäß des Heiligen Grals. Sobald sich die weiße Taube – IMANUEL - über diesem zeigt, sinkt diese Hauptkraft durch die ganze Schöpfung bis zum letzten Planeten, also zur Erde, damit die Menschen sie aufnehmen und verarbeiten können. Verarbeitet steigt sie dann wieder auf, zurück zu ihrem Eigentümer. Aber!!! Der Eigentümer bekommt nur 3% der verarbeiteten Kraft zurück. Die restlichen 97% werden zwar von der Menschheit auch verarbeitet, aber negativ und damit verdichtet, so dass sie diese freiwillig dem Dunkel, anstatt dem Licht zuführt, meist unwissend schenkend. Durch diese Störung des natürlichen Kreislaufs der Hauptkraft sank die Erde von lichten Ebenen der Schöpfung in niedrige, dunkle Ebenen. *(Ebene zwischen -2 und -3, siehe Abb. Schöpfungsbau)*

Wie konnte es so weit kommen? Luzifer kam mit einem Drittel der Engel herunter, um der Menschheit das Benützen ihres Verstandes zu lehren, ihr somit helfend, schneller zurück zum Lichte zu finden. Zuerst sah er sich als Verwalter der gesamten Stofflichkeit. Nach kurzer Zeit wurde er jedoch so hochmütig, dass er sich selbst zum Herrscher der Stofflichkeit ernannte. Von da an flößten die mit Luzifer gefallenen Engel der Menschheit nur noch negative Gedanken (Geiz, Neid, Wut) ein. Und wieder war es die Menschheit, die diesen Einflüsterungen folgte, und somit das Schlechte erstehen ließ. Gäbe es keinen Menschen, der sich verführen ließe, - das jetzt sich abrollende Jüngste Gericht wäre freudig begrüßt worden und hätte nicht diese Formen annehmen müssen, die wir tagtäglich miterleben, - auch wenn es viele nicht sehen oder akzeptieren wollen.

Natürlich stürzte mit allem auch die **Weiblichkeit**. GOTT-VATER hat die Frau so erschaffen, dass sie in die Schöpfung höher sehen und somit geistig erhöht stehen kann. So kann sie mit ihren feineren Empfindungen dem Manne das Gesehene beschreiben, ihn führen. Der Mann setzt dies dann in die Tat um. Daher wurden Männer vom GOTTVATER körperlich größer und stärker geschaffen. Es ist eine große Lüge, wenn behauptet wird, dass Frauen nur zum Kinderkriegen auf Erden sind. Ihre wahren Werte zeigen sich an erster Stelle in ihren Empfindungen. Erst an zweiter Stelle steht die Mutterschaft.

Wenn wir dies alles zusammennehmen, so kommen wir nur zu einer Schlussfolgerung: **wir stehen mitten im Jüngsten Gericht, und das schon seit ein paar Jahren.** Daher auch der Stern des Menschensohnes am Firmament, auch **Großer Komet** genannt.

Es gibt nur einen Weg, wie wir aus diesem Schlamassel wieder herauskommen können: Wer sich aus freiem Willen dazu entschließt, wieder ein innerlich heller Mensch zu werden, der bekommt im Tausendjährigen Reich noch **die Chance sich weiterentwickeln zu dürfen und sich somit vor der Zersetzung zu retten. Heute gibt es noch die Möglichkeit der Wahl, in wenigen Wochen wird es diese aber nicht mehr geben.**

ES GIBT KEINE ZEIT MEHR ZU ZÖGERN, OB SIE ES GLAUBEN ODER NICHT.

14. Das Fegefeuer

Es ist gar nicht lange her, da wurde mir gesagt, dass ich den Menschen die Wahrheit darüber schreiben soll, was dieser Begriff überhaupt in sich trägt. Es ist klar, dass die Kirchen vielen Wörtern einen ganz anderen Sinn verliehen, als sie in Wirklichkeit bedeuten.

Fegefeuer bezeichnet einen Ort, an dem die Hellen ihre astrale Hülle (Körper, Mantel) ablegen. So einfach ist es. Auf Erden legen wir unsere grobstoffliche Hülle ab und danach ist die astrale, feinstoffliche Hülle an der Reihe. So muss Jedermann bis zum Eintritt in das Geistige Reich alle andersartigen Hüllen des Geistes nach und nach ablegen. Es gilt dies aber nur für die hellen Geister, die ihren notwendigen Reifeprozess in der Stofflichkeit vollendeten und zurück in ihre echte Heimat eilen, damit sie dort das ewige Leben erreichen können.

Es ist eine der größten Lügen der Kirchen, dass sich nach ihren Worten jeder, ob Sünder oder nicht, im Fegefeuer ganz reinwäscht von seinen Sünden, um dann weiter in den Himmel aufzusteigen. Der Mensch, der aus freiem Willen dunkle Hüllen angenommen hat, darf sich dem Fegefeuer erst gar nicht annähern. Warum? Dank seiner dunklen Hüllen wurde er zu schwer und seine eigene, freiwillig gewählte Schwere zieht ihn runter in die Hölle.

WAS WIR SELBST ÜBER UNS DENKEN, KANN LETZTENDLICH DAS GEGENTEIL DESSEN SEIN, WAS IN UNS DER HERR SIEHT.

15. Das Gebet

Bis zu meinem Koma wusste ich nicht genau, ob meine Gebete und meine Dankbarkeit nach den ewigen Gesetzen in Ordnung sind. Daher war meine erste Frage an den Ältesten:

„Bitte, erklären Sie mir, welches Gebet das echte, wahrhafte ist und welches das falsche. Auch warum es falsch ist."

„Du musst aber alles logisch nachvollziehbar und gründlich wissen, nicht wahr? Du weißt schon seit einigen Jahren, dass nur Dein Geist die dazu notwendige Fähigkeit besitzt, sich an die Quelle anzuschließen. Nur GOTTVATER ist die Quelle von allem." Er schaute mich an und wusste, dass ich bisher nichts verstanden hatte.

„Das Gebet beschreitet die Wege ganz genau wie alle anderen Energien GOTTVATERS, weil ER die einzige Quelle ist. Dass ihr auf Erden diese Energie „Gebet" nennt, ändert an den Gesetzen des HERRN überhaupt nichts. Also!!! Nur Dein Geist kann sich so hoch verbinden, dass Deine Gebete zu IHM kommen. Und alle anderen sind deswegen falsch, weil sie nicht die Kraft besitzen, zu GOTTVATER aufsteigen zu können. Zum Verständnis: Die nur mit dem Verstand auswendig gelernten Gebete sind ganz kraftlos, da sie nicht vom Geist (reinem Herzen) kommen. Wie eine schlechte Rezitation eines Gedichtes. Sie zerfallen gleich bei der Erde, im Astral."

„Ich kenne Menschen, die mehrmals täglich beten und hunderte Texte dazu kennen."

„Die sollten ihre kurze Zeit auf Erden viel nützlicher leben. Aber sie haben ihre Wahl getroffen, also ist es ihr Problem."

„Und jetzt zu den irdischen Texten der Gebete: all diese sind von den Kirchen-Autoritäten erfunden worden. Die echten

Gebete sind die, welche die GOTTESSÖHNE der Menschheit hinterließen. Und natürlich auch noch die, die der Mensch mit eigenen Wörtern von Herzen dem HERRN sagt (Dankbarkeit, Bitte um Hilfe und anderes)."

Ja, das war für mich die wirklich gute Erklärung. Es wurde mir alles klar. Die Empfindungen des Geistes sind energetisch das Stärkste im Menschen. Daher sind nur sie fähig, bis zur Höhe der Quelle emporzusteigen. Mit anderen Worten gesagt: ihre mit Liebe und Ergebenheit voll durchdrungenen Gebete werden zur Kraftstrahlung und steigen dem Gottgesetz der Schwere folgend automatisch bis zu GOTTVATER.

„Schau her", sagte mein Lehrer. An der Leinwand sah ich goldene und silberne Sternchen, die immer höher stiegen.

„Das alles sind Gebete, die zum HERRN aufsteigen. Die goldenen kommen von Erwachsenen Menschen, die hell und reif sind. Die silbernen kommen von reinen Kindesgeistern."

„Darf ich sehen, wie es rund um die Erde aussieht?"

„Ja, aber dort gibt es nur selten etwas Schönes zu sehen."

Der Lehrer hatte Recht: von der Ausstrahlung der Dunklen sah ich nur eine schwarze Masse und hier und da waren goldene, oder silberne Sternchen der Hellen zu sehen. Es ist mir gleich klar geworden, dass die Erde nur noch vom Heiligen Geist - IMANUEL gerettet werden kann, weil die Menschheit zu schwach dazu ist. Der Gotteswille ist Wahrheit und Gerechtigkeit:

IMANUEL IST UNSERE WIRKLICHE HOFFNUNG UND RETTUNG!

16. *Vom ersten Tag des Menschen bis zum Leben im Tausend-jährigen Reich*

In der Schule konnte ich nie glauben, dass der Mensch vom Affen abstammen soll. Da musste doch auch etwas anderes passieren. Es kam der Lehrer und ich lächelte schon.

„Ja. Ich weiß, Du bist auf alles neugierig, was Du nicht von Grund auf verstehst. Heute wird es interessant sein. Wo soll ich anfangen?"

„Auf die Erde kamen zuerst mit der Natur die Wesenhaften, dann die Tiere und heute wird gelehrt: aus den Tieren (Affen) hat sich die Menschheit entwickelt. Das kann doch nicht wahr sein!"

„Da hast Du Recht, Kindchen. Das, was die Menschheit nicht weiß, diese Lücken füllt sie mit ihren Vorstellungen und so entstanden all die Legenden, denen die Menschheit heute glaubt. Am Anfang kamen auf die Erde mit der Natur die Wesenhaften, die die Natur bis heute erhalten. So vergingen tausende Jahre, bis der HERR sah (in der 1. Zivilisation der Erde – LEMURIEN), dass die Affen (Mangane) körperlich genug entwickelt waren, um die Möglichkeit zu geben, dass in sie die ersten Geister inkarnieren konnten. Dies geschah dann auch. Die meisten Wesenhaften mussten aber in ihre Heimat zurück (z.B. die Riesen, die die Pyramiden aufbauten), weil die Menschheit mit ihren kurzfristigen Aufenthalten auf Erden die Möglichkeiten zerstörte, dass sie weiterhin bei dieser hätten leben können."

„Was? Und warum?"

„Die Dunklen konnten nie genug kriegen von Gold, Geld und Reichtum. So kamen sie auch darauf, dass sie selbst die Wälder zu Geld machen können. Viele Tierarten starben deswegen aus und ihre Pfleger - die Wesenhaften, verließen die Erde. So auch die Riesen. Und Du siehst doch selbst, wohin sich die Menschheit in Ausübung ihres freien Willens entwickelte."

„Und wie ging es weiter?"

„Es vergingen wieder tausende von Jahren und der HERR sah, dass die Menschheit viel Hilfe braucht."

„Darf ich etwas fragen?" Der Lehrer nickte.

„Ich habe viele Versionen gehört, aber was ist die Wahrheit über das Tausendjährige Reich?"

„Technisch sehr leicht und logisch erklärt: Die Erde ist überfüllt von dunklen Menschen. Als erste verlassen die Erde die Lauen durch Naturkatastrophen. Als zweite werden die Hellen und die Erde selbst von IMANUEL gerettet. Letztendlich wird IMANUEL durch seine magnetische Kraft die Erde hochziehen, etwa bis zur Hälfte der Distanz zur Schöpfung. Höher geht es nicht, weil sie durch alle Gifte so schwer geworden ist. Und nach dem Gottgesetz der Schwere darf die Erde nicht höher steigen. Durch dasselbe Gottgesetz fallen aber auch alle Dunklen von ihr ab und müssen zu ihren Gleichartigen sinken. In der Zwischenzeit bauen die Wesenhaften den Berg ZION neu auf und reinigen die Erde von der giftigen Hülle."

„Und wann wird das alles kommen?"

„Niemand kennt das genaue Datum, nur der HERR weiß es. Aber eines ist sicher: es passiert noch in Deinem jetzigen Leben."

VERGISS NIE: DER GIPFEL DER REINIGUNG BEGINNT MIT DEN NATURKATASTROPHEN.

17. Das Tausendjährige Reich

Das geheimnisvolle Tausendjährige Reich ging mir nie aus dem Kopf. Jeder sagte darüber etwas anderes, nur ohne Sinn.

„Ja, ja Mädchen. Die Kirchen und Sekten machen aus den Hilfen des HERRN nur sinnlose Reden. Schade." Jetzt habe ich erst bemerkt, dass neben mir mein Lehrer sitzt.

„Und wie ist die Wahrheit?" fragte ich.

„Vor allem: sag den Menschen immer die Wahrheit. Zu passender Zeit werden sie sich an alles erinnern. Der Sinn des Tausendjährigen Reiches ist das Retten der hellen Menschen und der Erde selbst. Die Hellen werden die Übergangszeit unter Schutz auf einem sehr schönen Platz abwarten."

„Und wie lange wird diese Zeit dauern?"

„Ganz kurz. Nur bis die Wesenhaften alles repariert haben, was die Menschheit liquidierte. Keine Angst, die Wesenhaften arbeiten sehr schnell und gut. Nach ein paar Wochen kommen die Hellen auf die neureparierte Erde zurück."

„Wissen Sie, was den Menschen die Kirchen und Sekten alles einreden?" fragte ich.

„Die irdische Menschheit lebt seelisch in den Lügen. Und das schlimmste daran ist, dass der Mensch auch sich selbst belügt und dem Glauben schenkt."

„Aber jetzt zu unserem Thema zurück. Berg Zion wird auf Erden neu erbaut, die Hellen schmücken Jerusalem, um ihren König der Stofflichkeit IMANUEL voller Würde, Ehre und Liebe zu empfangen."

„Also, alles geschieht auf der Erde? Kein Paradies und kein ständiger Platz vor dem Thron Gottes?" fragte ich.

„Alles Lüge, damit sich wenige mächtig und übermensch-
lich fühlen, wenn sie den Menschen alles Mögliche versprechen."

**DIE KIRCHE ERZÄHLT DER MENSCHHEIT MÄRCHEN.
DIESES GEHÖRT ZU IHREN GRÖSSTEN SÜNDEN. WIR
WIEDERUM MÜSSEN DEN MÄRCHEN NICHT GLAU-
BEN.**

18. *Apokalypse und „Der Letzte Tag"*

Wie immer, besser gesagt ununterbrochen, saß ich auf der Wiese und dachte nach, welcher Unterschied zwischen den beiden Begriffen ist, wenn sie doch dasselbe bedeuten sollen.

„Na, Du armes Mädchen, - alles falsch", sagte mein Lehrer.

„Was ist denn falsch daran, wenn wir es uns auf Erden so vorstellen, dass das eine, wie auch das andere Wort, das Ende der Menschheit und vieler Planeten bezeichnen soll. Oder ist es wiederum alles Lüge?

„Zuerst wird die Unwissenheit der Übersetzer klar, die zur falschen Auslegung beigetragen haben. Apokalypse bedeutet nämlich: alle geheim gehaltenen Wahrheiten kommen auf Gottes Geheiß hin ans Licht. Und das geschieht jetzt. Die Apokalypse einzelner Menschen, Völker oder jetziger Staaten bedeutet, dass deren Ehre und Macht im Eimer sind, weil all ihre falschen Züge aufgedeckt werden. Die jetzige Apokalypse betrifft die Kirchen und ihre Lügen."

„Sie sagen jetzige, aber wann kommt dann der letzte Tag für die Erde?"

„Nach der Rettung aller Hellen durch IMANUEL folgt die Zeit des Tausendjährigen Reiches. Wenn die hellen Menschen im Reich fähig werden, nach den Gottgesetzen zu leben, dürfen sie zurück in ihre geistige Heimat.

„Und wann wird dann das Ende der Erde kommen?"

Wieder hat er über meine Frage gelacht: „Nie!!! Der HERR entschied, dass die Erde, egal wo sie sich befindet, der letzte Planet der Schöpfung für immer bleibt. Genau aus diesem Grunde wird sie in den Tausend Jahren zum Geistigen Reich aufsteigen. Danach werden die Geistigen und Reingeistigen schon ein Reich bilden.

Das letzte Geschehen wird sein: alles unter dem Geistigen Reich sinkt in die Zersetzung. Die Hölle mit den Menschen, die nicht nach dem Gotteswillen leben wollten, dann die ganze Stofflichkeit und auch noch der Ring des Wesenhaften. Der HERR hat diese nämlich nur für die Geister geschaffen, damit sie in Stofflichkeit geistig reifen können."

IMANUEL und auch Schwanhild beschrieben dies ganz genau. Dieses Geschehen, soll nach IMANUEL 1500 Jahre dauern. Aber wie immer, hat dies die Menschheit falsch begriffen und es wurde vom Dunkel ausgenützt. Alles, was ich von IMANUEL und Schwanhild las, wurde mir auf einmal ganz klar. Ja, wie die Erde steigen wird, in jedem Reich muss sie ihre Krusten und Hüllen ablegen.

Ein Wort und wie viele Irrtümer!

WIE UNSER HERR SAGTE: WIR SOLLTEN JEDES WORT GUT ÜBERLEGEN, BIS WIR ES LAUT AUSSPRECHEN!

19. Abschied

Es kommen alle drei Ältesten, meine Lehrer, zu mir. Das wird heute interessant werden.

„Ja, sehr interessant. Diesmal geht es um Dich."

Ich vergaß zu atmen und schaute auf die Leinwand. Ich sah dort etwas, das wie ein Nachthimmel aussah.

„Es ist keine Nacht. Dies ist die astrale Hülle der Erde. Es gibt den „blauen Planeten" schon seit über 100 Jahren nicht mehr. Jetzt merke Dir genau, wie er aussieht."

„Und was bedeuten die Sterne und Flammen? Sie werden in Kürze ausgelöscht".

„Na, ja. Das sind die Menschen, die auf Dich warten, weil sie Hilfe brauchen."

Der dritte Lehrer sagte: „Du hast aber die Wahl: Du darfst hierbleiben, oder in Deinen Körper zurückgehen und Dein irdisches Leben in Hilfe weiterführen. Zwar bekommst Du einige Fähigkeiten von unserem HERRN, aber Dein irdisches Leben wird sehr schmerzhaft für Deinen Körper sein. Und Geduld wirst Du auch viel brauchen."

„Wie lange bin ich schon hier?"„Nach der irdischen Zeit sind das heute acht Monate und drei Tage."„Und was wurde in der Zeit aus meinem grobstofflichen (irdischen) Körper? Ist er noch zu gebrauchen?"

„Ja, Dein Körper liegt im Koma, in einem Armeekrankenhaus in der Schweiz. Ein irdischer, älterer Arzt, der beste Freund Deines verstorbenen Mannes, kümmert sich um ihn."

„Ich habe noch eine letzte Frage: wo sind mein Mann und mein Sohn?"

„Daheim, unter den höchsten Engeln. Sie lieben Dich sehr und warten auf Dich. Als Deine letzte Aufgabe wirst Du den Menschen helfen und sie heilen, entweder körperlich, oder psychisch. Dies wird aber mehrere Jahre dauern. Aus diesem Grunde bekommst Du von GOTTVATER überirdische Fähigkeiten und darüber hinaus einen großen Haufen Geduld geschenkt. Die vor Dir waren, vergaßen ihre Aufgaben. Du wirst diese neben Deiner Aufgabe noch ersetzen müssen (ihre Aufgabe erfüllen.)"

Nach diesen letzten Worten fand ich mich wieder im Tunnel und sah, wie einige mir zuwinkten und Erfolg wünschten.

2. Teil

DIE EWIGEN GESETZE
wie sie mir erklärt wurden

Der Erdenmenschheit wurden die Gottgesetze schon vier Mal erklärt:

- vor 3000 Jahren durch Abdrushin,
- vor 2000 Jahren durch JESUS,
- vor 90 Jahren durch IMANUEL,
- vor 20 Jahren durch Schwanhild.

Natürlich gehöre ich nicht zu den Gottsöhnen oder zu Schwanhild. Mir wurden die Gottgesetze in meiner Koma-Zeit durch die Ältesten erklärt. Wenn ich mich umschaue, so sehe ich aktuell 2 bis 3% helle Menschen. Also entschied ich mich dafür, die Gottgesetze zusammenzuschreiben und den 3% verständlicher zu machen, indem ich deren Sinn erkläre:

1. Das **Gesetz der Wechselwirkung** (das von vielen als Gesetz des Karmas bezeichnet wird) sorgt für Gerechtigkeit in der Wahrheit. Sie ahnen sicher schon, worum es geht: um die Hilfen für andere oder um die Sünden einzelner Menschen. Daraus erkennt man: was wir heute ausstrahlen oder geben, das bringt uns dies Gesetz mehrfach zurück. **Nur wir allein bauen uns unsere Zukunft.**

2. Das **Gesetz der Anziehung der Gleichart** sorgt für Harmonie. Sicher habe ich schon erwähnt, dass alle Energien magnetisch sind und darüber hinaus jede einzelne Art ihre sich niemals ändernde Farbe besitzt. **Wie wir ausstrahlen, solcherart Menschen ziehen wir an.**

3. Das **Gesetz des Anschlussverlangens**. Hierbei geht es nicht um die Anziehung der Gleichart, sondern um Artspaltungen, die sich zu einer Art wieder zusammenschließen wollen. Dafür sorgt dieses Gesetz. Sonst könnte niemand seine Ergänzung finden.

4. Das **Gesetz der Schwere** sorgt für die Ordnung in allen Schöpfungen. Es bewirkt im Grunde, dass ein Dunkler nie hochkommen kann oder umgekehrt, ein hellstrahlender Mensch nicht in die Hölle fallen kann.
   Wie schwer unsere Hüllen sind, bestimmen wir selbst.

5. Das **Gesetz der Bewegung** sorgt natürlich nicht nur für die Körperbewegung zur Erhaltung der Gesundheit. Es geht hierbei auch um die Energien im Körper, hauptsächlich sogar um die Energien rund um uns. Wie unangenehm und müde müssen wir uns oft fühlen, wenn wir von negativen Kollegen oder Verwandten umgeben sind. Kurz und klar gesagt: sie saugen dabei unsere Energie ab. Dazu kommt es, wenn Sie zum Beispiel nur ein kleines bisschen Angst ausstrahlen. Niemand kann Ihnen wehtun, außer Sie erlauben es. Die Angst gehört zu diesen Möglichkeiten. Also blicken Sie auf zum HERRN, hoch das Haupt und gehen Sie in Freude an die Verwirklichung Ihrer Ziele.
   Wenn jemand kein geistiges Ziel verfolgt, ist sein Erdenleben sinnlos.

6. Das **Gesetz des Ausgleichs** ist einfach. Am Anfang nehmen wir vom HERRN unser Leben, und dann täglich SEIN Tageslicht und SEINE Wärme. Wenn wir IHM dafür dankbar sind, müssen wir uns vor nichts fürchten. Und im Leben? Erst in dem Maße, wie wir unsere Empfindungen, Geduld und Liebe anderen schenken, erwerben wir das Recht, diese Geschenke zu beanspruchen.

Wer immer nur selbstlos gibt, dessen Ausstrahlung ist hell und wunderschön. Wer nur fordert und nimmt, erreicht die schwarze Dunkelheit.

7. Das **Gesetz der Entwicklung** kann bewusst oder unbewusst erlebt werden. Wenn wir nach den Gottgesetzen leben, sorgt dies Gesetz für ewiges Steigen in die und in der Schöpfung. In unserem Geiste wird alles nach und nach klarer und liebevoller. Erst danach können wir uns im Geistesgedächtnis an alles erinnern, was in allen unseren vorigen Leben passierte.

Wer gegen die Gottgesetze lebt, kann niemals glücklich sein, - nur in der Einsamkeit depressiv leben.

Wenn wir alle Farben dieser Gottgesetze (Energien) zusammenlegen dürften und könnten, bekämen wir das reinste Weißlicht. Auf Erden ist dies die Energie der Heilung. Alle Gottgesetze münden in der Gottliebe. Für uns bedeutet es die eigene, selbstlose Hingabe.

3. Teil

DIE ZEHN GEBOTE GOTTES
und was die Menschheit daraus machte

Lebensmotto von Marcus M:

HERR, lass mich immer die Wahrheit sehen, auch wenn es zu meinem irdischen Nachteil ist.

Als der HERR sah, dass nur wenige Menschen Seine Gesetze kennen und nach ihnen leben, hat ER der Menschheit durch Moses die Zehn Gebote übermittelt. Bedauerlicherweise hat die Menschheit aber alle Gebote als Vorschrift angesehen und begann diesen zu trotzen.

Die Gebote sind eigentlich Ratschläge, die dazu geschaffen wurden, dass wir in Seinen Gesetzen leben können, wenn wir sie verstehen. Besser gesagt: je früher wir sie verstehen und einhalten, desto schneller gelangen wir in unsere geistige Heimat zurück. Können Sie sich vorstellen, dass die Pharisäer damals 613 Gebote und Verbote hatten?

Da wir die Gesetze und Gebote des HERRN nicht einhielten, geschieht all das heutzutage um uns, mit uns und auch mit unserer Erde, was wir täglich miterleben müssen. Ich möchte Ihnen zu wissen geben, was passiert, wenn die Gebote des HERRN nicht eingehalten werden.

Das ist aber alles schon geschehen und wird täglich fortgesetzt. Die Menschen tun aber so, als wäre nichts passiert. Sie wollen das nicht sehen.

Ich bin der HERR, Dein GOTT! Du sollst nicht andere Götter haben neben mir!

Heutzutage gibt es über 10 000 Kirchen, Glaubensgemeinschaften und sogar Satanisten, die ganz gefühllos kleine Kinder opfern. Da jede Kirche ihre Wahrheit durchsetzen will, sind heute 2/3 der Kriege Glaubenskriege, die Millionen Menschenleben fordern.

Du sollst den Namen des Herrn, Deines GOTTES, nicht missbrauchen!

Diese Übertretung können wir ununterbrochen aus den Mündern der Menschen hören. Schimpfe und Flüche, aber auch Morde „im Namen Gottes" sind im Kampf Kirche gegen Kirche, in Büchern usw. an der Tagesordnung. Als ob unser HERR jemals unser Feind sein könnte. Wir zeigen ihm gegenüber nicht Liebe und Respekt, sondern nur Erniedrigung.

Du sollst den Feiertag heiligen!

Entweder findet man in den Kirchen Theateraufführungen, oder aber Menschen, die gar nichts mehr heiligen. Wir wissen oft gar nicht mehr, was heiligen eigentlich bedeutet. Der HERR mag es am liebsten, wenn wir IHN mit eigenen, aufrichtigen und treuherzigen Worten ansprechen. Ich würde nie behaupten, dass nur ein einziges Gebet vom Licht stammt, nämlich das Vaterunser, das uns der Gottessohn JESUS hinterließ. Aber bei allen anderen Gebeten können wir uns überhaupt nicht sicher sein, ob sie vom Lichte kamen.

Nur diese ersten drei Gebote betreffen GOTTVATER. Welche und wie viele Beleidigungen der HERR tagtäglich erdulden muss, können wir nicht einmal erahnen. Also warum sollte ER uns dann mit Seiner Liebe und Lebensenergie täglich beschenken?

Du sollst Vater und Mutter ehren!

Nirgendwo steht aber geschrieben, dass dazu auch das Gehorchen gehört. Gerade wegen diesem Punkt, fallen täglich viele Ehen auseinander. Die meisten Eltern überspannen den Sinn dieses Gebotes und ihre erwachsenen Kinder widersetzen sich, - trotzdem werden sie manipuliert.

Du sollst nicht töten, ehebrechen oder stehlen!

Diese Gebote sind jedem von uns klar. Aber wie viele halten es ein?

Du sollst nicht falsch Zeugnis reden wider Deinen Nächsten!

Das sollten sich Politiker, Kirchen usw. zu Herzen nehmen, nicht wahr?

Lass dich nicht gelüsten deines nächsten Weibes!

Du sollst nicht begehren deines Nächsten Haus, Hof, Vieh und alles, was sein ist.

Heutzutage? Alles verdorben, so als ob diese Gebote überhaupt nicht existieren würden!

Nur 10 Gebote oder 7 Gesetze! Und hier meldet sich sehr dringend eine Frage: wem dienen heute 97% der Menschheit? Jeder von uns sollte diese Frage in seinem Herzen selbst beantworten.

4. Teil

SELBSTHILFE AUS EIGENER ERFAHRUNG

Die stärkste Energie, die durch uns fließen kann, ist die der Selbsthilfe. Es geht darum, dass wir bei uns den selbstheilenden Mechanismus einschalten. Dann fallen alle Krankheiten von jedem ab, vorausgesetzt, dass der Mensch aus freiem Willen heraus entscheidet.

1. Ein Ältester erklärte mir, wie leicht wir die höchste Ebene unserer Liebe auf Erden erreichen können.

„Wenn Dir jemand in der Vergangenheit wehtat, so wünsche ihm ehrlich, von ganzem Herzen, dass er den richtigen Weg zum HERRN in seinem Leben findet. In diesem Moment kannst Du Deine Vergangenheit hinter Dir lassen. Und wenn so etwas jetzt passiert, bleibe ruhig und wünsche dem Menschen dasselbe. Gleich wirst Du über den Beleidigungen oder Erniedrigungen stehen. Das schönste dabei ist, dass Du auf schlechtes Verhalten mit gutem Wunsch reagierst (natürlich nur still in Deinem Herzen). Die höchste Ebene auf Erden! Vergiss das nie!"

2. Wie wir die unangenehmen Verstandesgedanken loswerden?

Ich kenne sehr viele Menschen, die Ihre Verstandesarbeit mit sich nach Hause schleppen und das oft ganz unbewusst. Somit rauben sie sich den erholsamen Schlaf, weil sie stündlich aufwachen, oder gar nicht erst einschlafen können. Dies alles können Sie in einer Minute loswerden. Wenn der Kummer sich an Sie heften will, sollten Sie gleich etwas dagegen tun, anstatt es zu verdrängen mit den

Gedanken einmal wird auch dies vorbei sein". Die Selbsthilfe dagegen ist: sofort, wenn Sie schlechte Gedanken „in der Luft" spüren, beginnen Sie an etwas Wunderschönes aus Ihrer Vergangenheit oder Gegenwart zu denken. Und das jedes Mal, wenn sich schlechte Gedanken nähern. In einer Woche werden Sie so die herunterziehenden Gedanken los, - wenn Sie es wirklich wollen.

3. Jeder Gedanke hat seine eigene Farbe und nimmt sofort eine Form an.

Wir können dementsprechend wunderschöne Blumen, ansprechende Häuschen oder Naturformen sehen, - natürlich gibt noch weit mehr schöne Formen.

Jetzt können Sie sich aber auch vorstellen, wie widerlich die dunklen Gedankenformen aussehen. Es sind Schlangen, Reptilien und Krokodile mit zahlreichen Köpfen und grauenerregenden Gesichtszügen usw. und solche tragen die Dunklen ununterbrochen an ihren Seelen klebend mit sich herum.

Nur noch ein interessanter Satz: Heiliger JESUS sprach davon, dass 1/3 der Erdenmenschheit dunkel ist, Abdruschin schrieb schon von 2/3, und vor wenigen Monaten hat ER der Menschheit die aktuellste Bilanz zukommen lassen: 97% dunkel (nur noch 3% helle).

4. Was passiert mit einem Sterbenden?

Im Krankenhaus lag ein junger, sterbender Soldat im Nebenzimmer. Es kam der Tag seines irdischen Todes. Seine Familienangehörigen konnten sich nicht beruhigen, weinten und schrien ganz egoistisch, dass er schnell zurückkehren sollte, da sie es ohne ihn nicht aushalten würden.

Dies hielt schon ein paar Stunden an, da öffnete der Junge seine Augen und sagte: „Lasst mich endlich in Ruhe weggehen und ruft mich nicht andauernd zurück. Ich ertrug die körperlichen Schmerzen nicht mehr." Danach hat er seine Augen geschlossen und ist in Ruhe gegangen.

5. In der heutigen Zeit wäre es am besten, wenn wir alle unabhängig und selbständig wären.

Warum ist dies nicht so? Ganz einfach: jedes Gebet oder jede Bitte ist wirkungslos, wenn es nicht ehrlich vom Herzen kommt. Erschwerend kommt für viele hinzu, dass davon nur sehr wenige Menschen überzeugt sind oder daran glauben.

So leiden die Menschen dann an schwermütigen Gedanken bis hin zu Depressionen, Hoffnungslosigkeit, innerer Leere und Übermüdung. Für die schnellste Hilfe galt schon immer und gilt für alle Ewigkeit: Die Bitte an den HERRN. Wenn dies jemand nicht nachvollziehen kann, so soll er es auch nicht ausprobieren, denn sein Gejammer wäre keine Bitte, sondern nur Vorwurf.

Wer aber von der Wahrhaftigkeit dessen überzeugt ist, der empfindet die Hilfe sogleich und erhält vom HERRN Kraft, die ihn in wundersamer Weise erleichtert und wärmt. Wer nicht an die Tür klopft, dem wird auch nie aufgemacht. Aber!!! Die Bitte an den HERRN muss ehrlich und rein sein. Im nächsten Schritt soll der Mensch dann auch ehrlich zu sich selbst sein. Der größte Blödmann ist der, der sich selbst belügt.

Reißen wir uns zusammen und finden wir zu uns selbst. Erst dann können wir erfahren, wie wir unsere Ziele erreichen und dabei noch glücklich sein können.

6. Nach den ersten fünf Punkten können wir endlich eine kleine Inventur bei uns selbst machen.

Natürlich entscheidet jeder für sich selbst, ob er der Wahrheit ins Gesicht sehen will, wer oder wie er nach den Änderungen wurde.

- Sie sind innerhalb von einer Stunde um alles Irdische gekommen (Eigentum, Titel, Macht und Einfluss). Jetzt überlegen Sie einmal, was Sie sonst noch anzubieten haben?
- Was verstehen Sie unter dem Begriff der „endlosen, selbstlosen Liebe und Hilfe?
- Auch Helfen muss man zur richtigen Zeit, nämlich wann und wie es dem Hilfsbedürftigen passt. Sonst wäre die Hilfe nur der eigenen Arroganz und Eigensucht geschuldet. Die Ausrede: „Aber, ich wollte nur Gutes tun", zählt dann nicht, denn man tat es nur für sich selbst. Es ist doch lächerlich, wenn sich ein Mensch solcherart selbst belügt. Was kann dann Ihre Ernte sein?

7. Warum schmeißen wir unsere Glücks- und Liebeshormone (Endorphine) achtlos weg und behalten dafür lieber das Adrenalin (Arroganz, Besessenheit nach Macht und Eigentum) im Blut?

Es geht bei diesem Thema nämlich um unsere Gesundheit (Selbstheilung oder Selbstliquidation). Heute dürfen wir unsere Entscheidung noch wählen, aber in kurzer Zeit wird es dazu keine Möglichkeit mehr geben.

Wie können wir unser Adrenalin unter Kontrolle bringen? Wenn uns jemand erniedrigt, anschreit oder beleidigt, zeigt er sich uns nur so, wie er wirklich ist. Wenn Sie all das Negative persönlich annehmen, sind Sie schon in seine Falle getappt, weil Sie darauf reagierten. Sie erkennen überhaupt nicht, wie und wann Ihr Adrenalinpegel steigt, aber dazu müssen Sie schon Minimum die Hälfte seiner Negativität und noch die eigene herunterschlucken und verarbeiten. Brauchen Sie so etwas? Sicher nicht. Sie verkürzen damit nur Ihr eigenes Leben und ziehen sich darüber hinaus noch viele Krankheiten zu: die totale Selbstliquidation. Sehen Sie all das Negative nicht als etwas Persönliches an, so muss der andere seinen Zorn selbst herunterschlucken und verarbeiten. Wenn Sie innerlich nicht auf Negatives reagieren, springt damit Ihr selbstheilender Mechanismus automatisch an und erhöht damit auch den Pegel Ihrer Endorphine. Ihre Wut haben Sie damit unter Kontrolle und Ihre Gesundheit wird sich verbessern.

8. Wie hilft man einem Süchtigen und gleichzeitig auch sich selbst?

Das Schlimmste an allem ist, wenn Sie mit einem Süchtigen unter einem Dach wohnen. Anfänglich bemerken Sie gar nichts. Mit der Zeit benehmen sich aber alle Süchtigen gleich: sie beginnen zu Hause Bargeld zu stehlen, suchen alles Wertvolle, das sie verkaufen können, nur um ihren täglichen Bedarf an Drogen zu decken. Zwischenzeitlich kommt es zu Streitereien, Gefühlsausbrüchen und natürlich zu den Lügen, bei denen der Süchtige unter falschen Schwüren verspricht, sich zu ändern. An diese Versprechen halten sich die Süchtigen aber nie. Denn zu Hause gibt es: Nahrung, Wärme und ein Dach über dem Kopf. Der Süchtige ändert sich überhaupt nicht, da er alles hat, was er braucht.

Für Sie besteht die einzige Hilfsmöglichkeit, dem Süchtigen gegenüber, darin, ihn abzustoßen, komplett fallen zu lassen, so dass er aus eigener Kraft wieder aufstehen muss. Erst jetzt versteht er, dass er sich ändern muss (Abstinenz), wenn er überleben will. Ich weiß, wie weh es tut, wenn Sie den Süchtigen gezwungenermaßen vor die Tür setzen. Aber es muss sein, damit er sich aus eigenem freien Entschluss ändern will. Diesen eigenen Willensentschluss kann keine Anstalt in ihm erwecken, sondern nur er selbst.

9. Fühlen Sie sich in letzter Zeit müde, schwach und tut Ihnen alles weh?

Sicher kennen Sie IMANUEL – „Alpha und Omega". Die Wahrheit ist nämlich, dass ER der Erde schon sehr nahe ist, um die Menschen zu retten, mit denen ER für die Zukunft rechnet. Seine Omega-Strahlen sind sehr stark, sie entgiften nämlich die hellen Menschen. Ich bin Atomphysikerin und weiß mit Sicherheit, dass diese Strahlen jegliches Gift aus den Menschenkörpern reinigend entfernen. Und wo liegt hierbei der Zusammenhang zu unserem Thema? Ganz einfach: wir nehmen täglich durch das Essen, Trinken und Atmen Gift zu uns. Dazu gehören auch die Medikamente, die wir schlucken, anstatt unsere Selbstheilung zu aktivieren. Wie hoch der Grad innerer Vergiftung bei jedem von uns ist, ahnen Sie sicher schon.

Glauben Sie mir, bitte: Sie sind nicht krank. Ihr Körper reagiert einfach auf die Entgiftung durch IMANUEL. Glauben Sie dem einfach und jegliche Ängste fallen gleich von Ihnen ab.

10. Haben Sie keine Angst vor „bösen Geistern".

Denn diese haben eine noch größere Angst als Sie. Warum? Weil sie keinen schützenden Erdenkörper mehr besitzen und sie außerdem niemand sieht, versteht oder mit ihnen spricht. Daher wollen sie oft Ihre Aufmerksamkeit auf sich lenken. Viele von denen wissen nämlich gar nicht, dass sie irdisch tot sind, da sie im Schlaf oder bei einem Verkehrsunfall schnell starben und sie sich noch überhaupt nicht orientieren können. Mein Lehrer sagte mir einmal: „Zwischen Euch auf Erden und den irdisch Abgeschiedenen gibt es nur einen Unterschied: Du hast einen Erdenkörper und sie nicht. Es gibt also keinerlei Anlass, Angst zu haben, denn sonst wird Euch Eure Energie abgesaugt."

„Wieso das?"

„Die irdisch Abgeschiedene haben keinen Verstand mehr. Sobald Sie irgendwo Lebensenergie „riechen", folgen sie der Spur und saugen denjenigen aus. Die Menschheit hat schon längst vergessen, dass nach dem HERRN, jeder für sein Leben auch eigene Entscheidungen trifft. Wollt Ihr Angst haben, oder aus eigenem Willen heraus die Geister loswerden?"

„Und was sollen wir dafür tun?"

„Die Lösung ist wieder sehr einfach: Sage ihnen entweder laut oder innerlich, dass sie schnellstens verschwinden sollen. Und auch, dass IMANUEL der Erde schon sehr nahe ist."

Bei jedem, dem ich bis heute diese Empfehlung weitergab, natürlich durch eigene Erfahrung bestätigt, hat es funktioniert. Sogar so gut, dass auch das Haus oder die Wohnung heller wurde. Denn die irdisch Abgeschiedenen verschatten alles um sie herum.

11. Wie wir mutiger werden können.

Wieder liegt die Wahl bei Ihnen: Mut oder Angst. Also entweder Mut, um eigene Ziele zu erreichen oder Angst, indem Sie sich einreden, dass Sie sowieso nichts erreichen können und somit zurückzucken. Die Entscheidung ist psychischer Art. Aber warum entscheiden sich dann viele für Angst und nicht für den Mut? Es geht hierbei um unsere Verstandes-Selbsteinschätzung. Wenn wir uns für einen ängstlichen oder gar feigen Menschen halten, werden wir uns immer genauso benehmen. Dabei macht es keinen Unterschied, ob man als König oder als Obdachloser Angst vor der Verwandtschaft, dem Chef oder dem Lebenspartner hat. Viele haben auch Angst als Spätfolge der elterlichen Erziehung. Glauben Sie mir: Wenn wir es wirklich wollen, so können wir alles erreichen.

Das Wichtigste für unser eigenes Leben ist unsere Lebenseinstellung und unsere sich daraus ergebenden, eigenen Entscheidungen. Letztendlich geht es um unser Leben und unsere Gefühle – ein Leben lang.

Glauben Sie nie den Ihnen eingegebenen Gedanken, denn diese sind auf gar keinen Fall wahr!

12. Kann uns Musik wirklich helfen?

Natürlich kann sie es, das wissen wir alle, aber vorausgesetzt, Sie treffen eine gute Wahl. Alle Geräusche in der Natur, die menschlichen Stimmen und natürlich auch die Musik wirken auf Ihr Nervensystem. Wie oft ist es Ihnen schon geschehen, dass jemanden Stimme in Ihnen Aggressivität oder Ablehnung hervorrief? Auch hiermit will uns das Dunkel langsam aber sicher liquidieren.

Also! Sie wählen die Frequenz, welche Sie hören wollen, damit uns die Musik beruhigt, vielleicht sogar in einen ruhigen Schlaf geleitet, so dass wir am nächsten Morgen mit neuer Lebenskraft erwachen und wohlgestärkt den neuen Tag beginnen können. In den Jahren des 2. Weltkrieges wurde die Musik von der heilenden, beruhigenden Frequenz, nämlich 432Hz, 528Hz und 639Hz, auf 440Hz umgestellt, womit unser Nervensystem langsam zerstört wird, ohne dass wir davon etwas mitbekommen. Heute ruft die New Age-Musik anfänglich Arroganz und Aggressionen hervor. Dies steigert sich weiter und es kommt zu psychischen Krankheiten. Niemand, die Ärzte eingeschlossen, ahnt, woher die psychischen Zerstörungen wirklich kommen.

Wieder liegt die Wahl bei Ihnen, ob Sie beruhigende oder wild zerstörende Musik hören wollen.

Abb. Schöpfungsbau

Abdruschin, der Autor des Buches Im Lichte der Wahrheit - Gralsbotschaft, 1931 (IMANUEL)

IMANUEL, der echte Retter der Erde

Natália de Lemeny Makedonová, die Autorin des Buches

Die ewigen Gesetze Band 1.-3., 1997 – 1998 (SCHWANHILD)

SCHWANHILD

MIX

Papier | Fördert
gute Waldnutzung

FSC® C083411

Zeitfracht Medien GmbH
Ferdinand-Jühlke-Straße 7
99095 Erfurt, Deutschland
produktsicherheit@kolibri360.de